Billar 3 Bandas: Mesa grande circulos

Desde torneos profesionales de campeonato

Ponte a prueba contra jugadores profesionales

Allan P. Sand
PBIA Instructor Certificado de Billar

ISBN 978-1-62505-342-8
PRINT 7x10

ISBN 978-1-62505-506-4
PRINT 8.5x11

First edition

Copyright © 2019 Allan P. Sand

All rights reserved under International and Pan-American Copyright Conventions.

Published by Billiard Gods Productions.
Santa Clara, CA 95051
U.S.A.

For the latest information about books and videos, go to: http://www.billiardgods.com

Acknowledgements
Wei Chao created the software that was used to create these graphics.

Tabla de contenido

Introducción **1**
Acerca de los diseños de tablas 1
Instrucciones de configuración de la mesa 2
Propósito de los diseños 2
A: Círculo completo (bando largo) **3**
A: Grupo 1 3
A: Grupo 2 8
A: Grupo 3 13
A: Grupo 4 18
A: Grupo 5 23
B: Círculo completo (bando corto) **28**
B: Grupo 1 28
B: Grupo 2 33
B: Grupo 3 38
C: Cuatro bandos (bando largo) **43**
C: Grupo 1 43
C: Grupo 2 48
C: Grupo 3 53
C: Grupo 4 58
C: Grupo 5 63
D: Cuatro bandos (bando corto) **68**
D: Grupo 1 68
D: Grupo 2 73
D: Grupo 3 78
D: Grupo 4 83
E: Cinco bandos (bando largo) **88**
E: Grupo 1 88
E: Grupo 2 93
E: Grupo 3 98
E: Grupo 4 103
E: Grupo 5 108
F: Cinco bandos (bando corto) **113**
F: Grupo 1 113
F: Grupo 2 118
G: 6+ bandos (lbando largo) **123**
G: Grupo 1 123
G: Grupo 2 128
G: Grupo 3 133
G: Grupo 4 138
H: 6+ bandos (bando corto) **143**
H: Grupo 1 143
H: Grupo 2 148

Other books by the author …

- 3 Cushion Billiards Championship Shots (a series)
- Carom Billiards: Some Riddles & Puzzles
- Carom Billiards: MORE Riddles & Puzzles
- Why Pool Hustlers Win
- Table Map Library
- Safety Toolbox
- Cue Ball Control Cheat Sheets
- Advanced Cue Ball Control Self-Testing Program
- Drills & Exercises for Pool & Pocket Billiards
- The Art of War versus The Art of Pool
- The Psychology of Losing – Tricks, Traps & Sharks
- The Art of Team Coaching
- The Art of Personal Competition
- The Art of Politics & Campaigning
- The Art of Marketing & Promotion
- Kitchen God's Guide for Single Guys

Introducción

Este es uno de una serie de libros de Carom Billiards que muestran cómo los jugadores profesionales toman decisiones, según el diseño de la mesa. Todos estos diseños son de competiciones internacionales.

Estos diseños te colocan dentro de la cabeza del jugador, comenzando con las posiciones de las bolas (que se muestran en la primera tabla). El segundo diseño de la mesa muestra lo que el jugador decidió hacer.

Acerca de los diseños de tablas

Estas son las tres bolas sobre la mesa:

Ⓐ (CB) (tu bola de billar)

⊙ (OB) (bola de billar oponente)

⬤ (OB) (bola de billar roja)

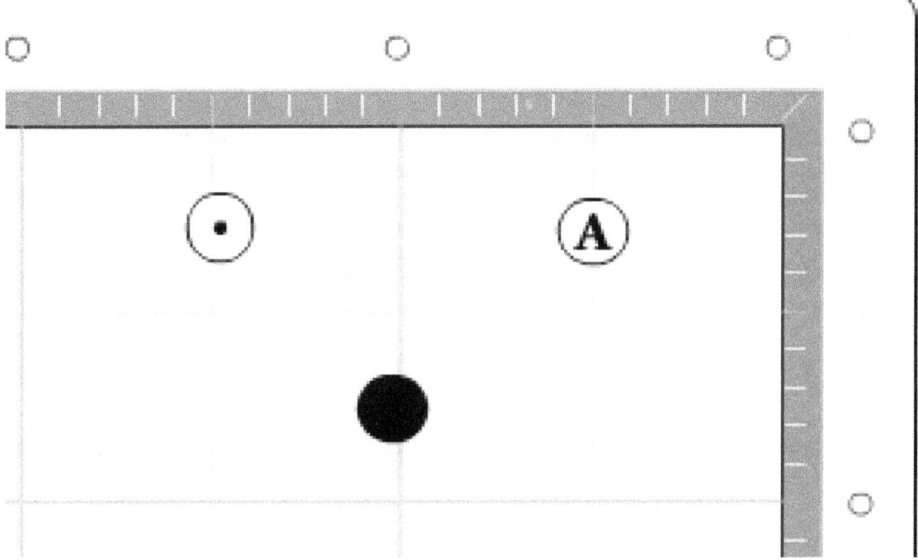

Cada configuración tiene dos diseños de tabla. La primera tabla es la posición de las bolas. La segunda tabla es cómo se mueven las bolas sobre la mesa.

Instrucciones de configuración de la mesa

Use anillos de papel para marcar las posiciones de las bolas (compre en cualquier tienda de suministros de oficina).

Coloque una moneda en cada bando de la mesa que tocará (CB).

Compare su ruta (CB) con la configuración de la segunda tabla. Para aprender, es posible que necesite varios intentos. Después de cada falla, realice el ajuste y vuelva a intentarlo hasta que tenga éxito.

Propósito de los diseños

Estos diseños se proporcionan para dos propósitos.

- Su análisis: en casa, puede considerar cómo jugar la configuración en la primera tabla. Compara tus ideas con el patrón real en la segunda tabla. Piense en su solución y considere las opciones. Desde la segunda tabla, también puedes analizar cómo seguir el patrón. Mentalmente juega el tiro y decide cómo puedes tener éxito.

- Practique la configuración de la mesa: coloque las bolas en posición, de acuerdo con la primera configuración de la mesa. Intenta disparar de la misma manera que el segundo patrón de mesa. Es posible que necesites muchos intentos antes de encontrar la forma correcta de jugar. Así es como puedes aprender y jugar estas tomas durante competiciones y torneos.

La combinación de análisis mental y práctica práctica te hará un jugador más inteligente.

A: Círculo completo (bando largo)

El (CB) pasa del primer (OB) a un bando largo y luego al bando corto. El círculo continúa en el bando largo opuesto.

Ⓐ (CB) (su bola de billar) - ⊙ (OB) (bola de billar oponente) - ● (OB) (bola de billar roja)

A: Grupo 1

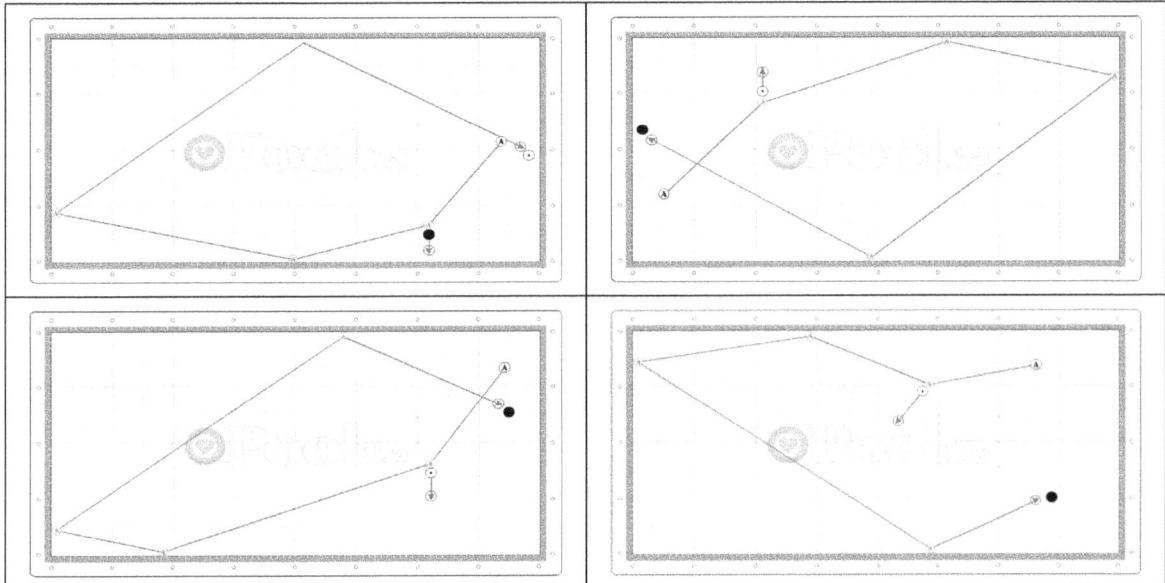

Análisis:

A:1a. _____

A:1b. _____

A:1c. _____

A:1d. _____

A:1a – Preparar

Notas e ideas:

Patrón de disparo

A:1b – Preparar

Notas e ideas:

Patrón de disparo

A:1c – Preparar

Notas e ideas:

Patrón de disparo

A:1d – Preparar

Patrón de disparo

A: Grupo 2

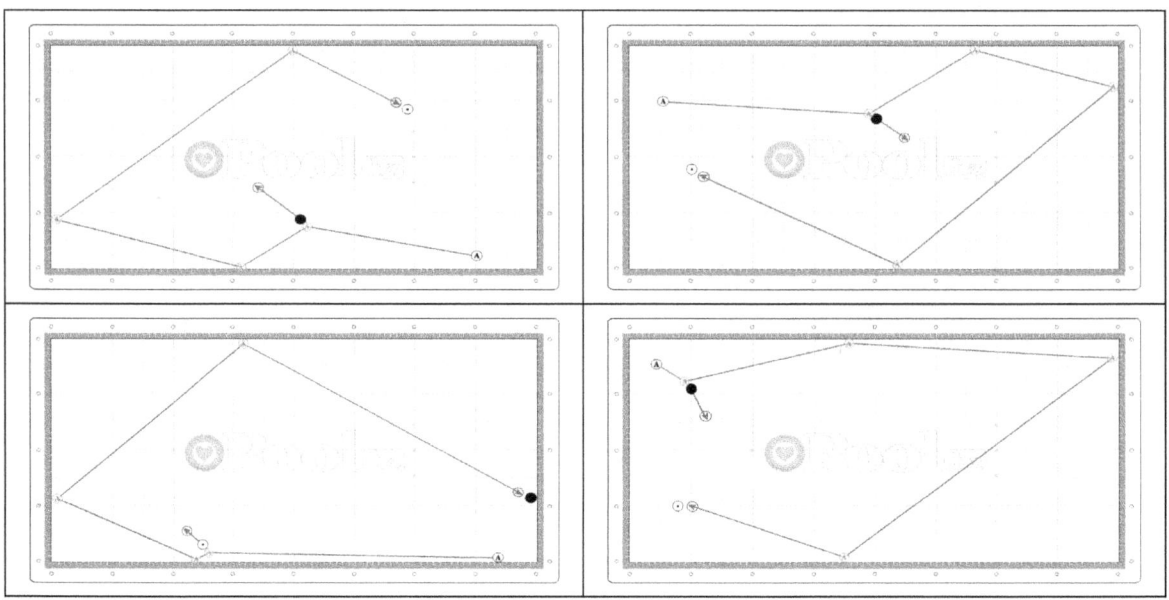

Análisis:

A:2a. _____

A:2b. _____

A:2c. _____

A:2d. _____

A:2a – Preparar

Notas e ideas:

Patrón de disparo

A:2b – Preparar

Notas e ideas:

Patrón de disparo

A:2c – Preparar

Notas e ideas:

Patrón de disparo

A:2d – Preparar

Notas e ideas:

Patrón de disparo

A: Grupo 3

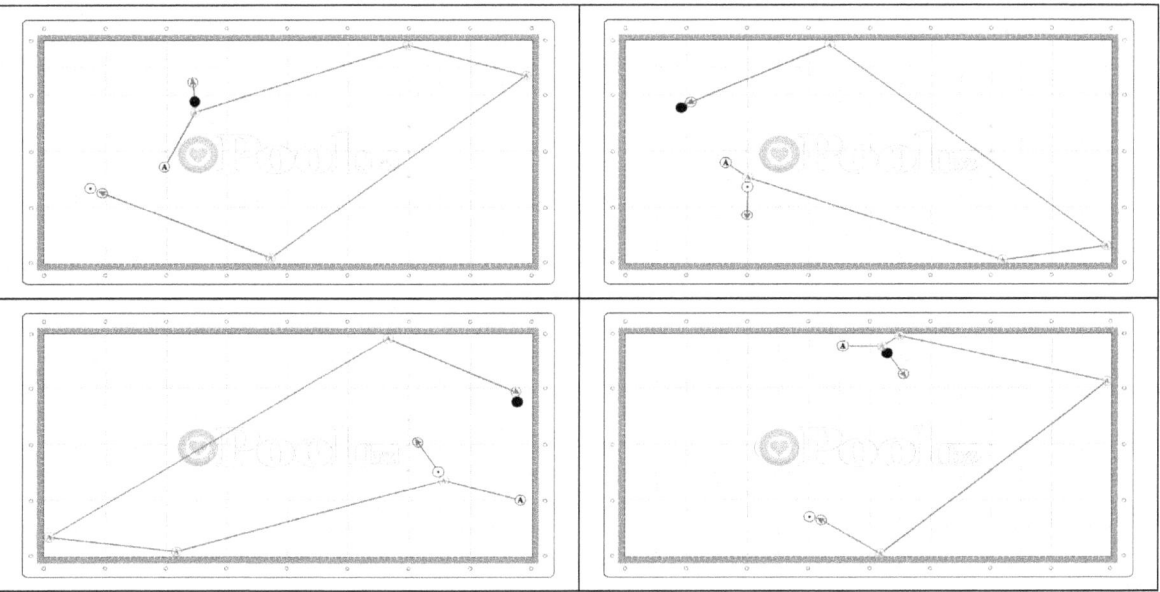

Análisis:

A:3a. _____

A:3b. _____

A:3c. _____

A:3d. _____

A:3a – Preparar

Notas e ideas:

Patrón de disparo

A:3b – Preparar

Notas e ideas:

Patrón de disparo

A:3c – Preparar

Notas e ideas:

Patrón de disparo

A:3d – Preparar

Notas e ideas:

Patrón de disparo

A: Grupo 4

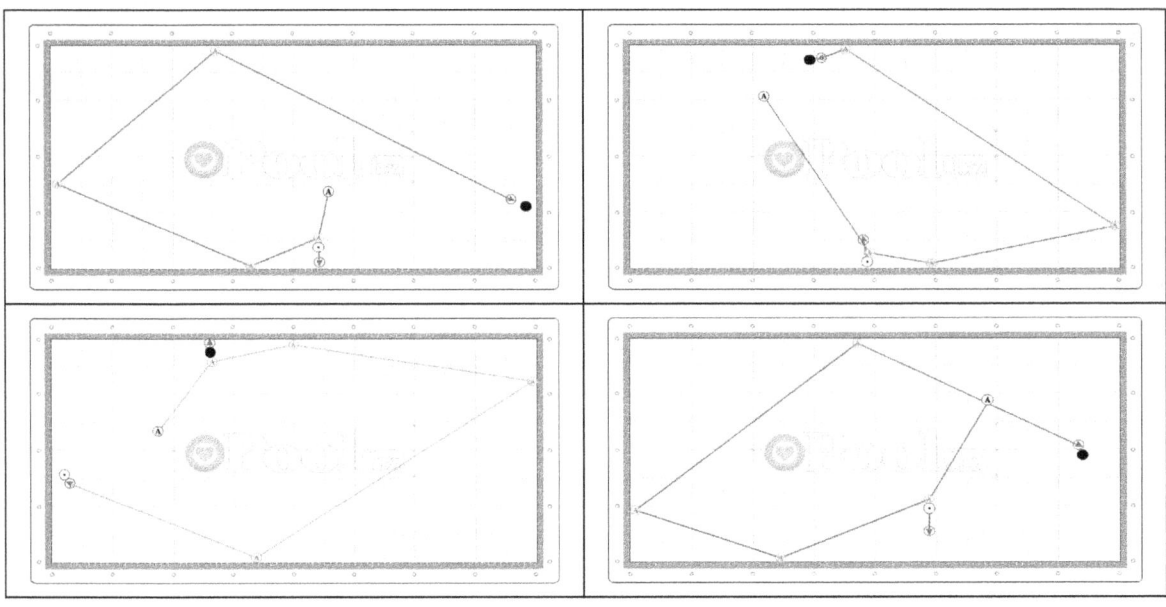

Análisis:

A:4a. _____

A:4b. _____

A:4c. _____

A:4d. _____

A:4a – Preparar

Notas e ideas:

Patrón de disparo

A:4b – Preparar

Notas e ideas:

Patrón de disparo

A:4c – Preparar

Notas e ideas:

Patrón de disparo

A:4d – Preparar

Notas e ideas:

Patrón de disparo

A: Grupo 5

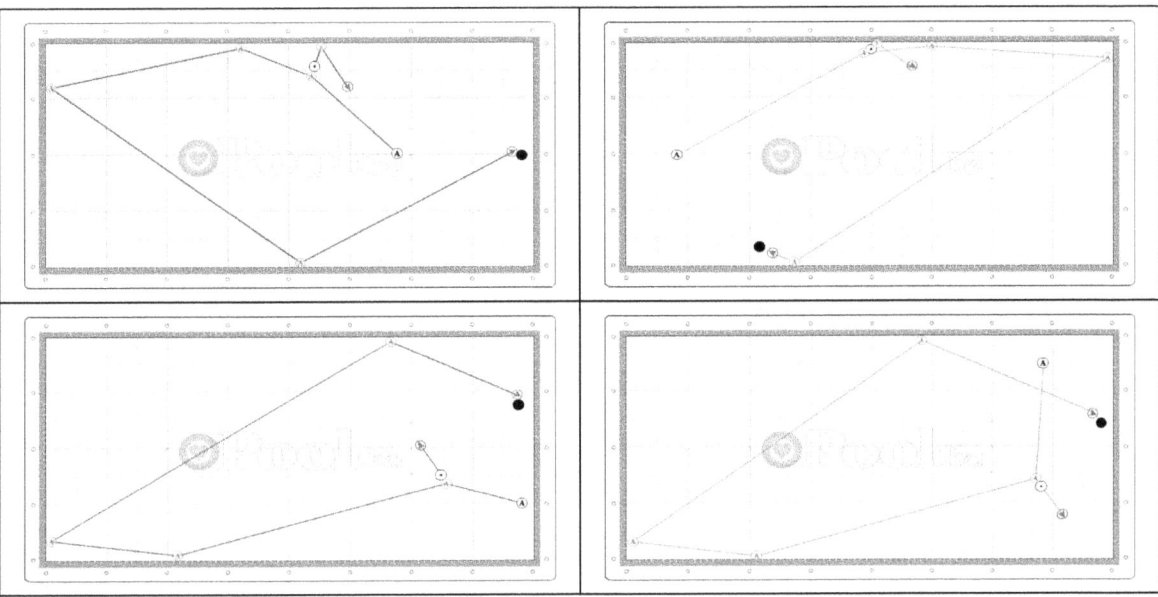

Análisis:

A:5a. _____

A:5b. _____

A:5c. _____

A:5d. _____

A:5a – Preparar

Notas e ideas:

Patrón de disparo

A:5b – Preparar

Notas e ideas:

Patrón de disparo

A:5c – Preparar

Notas e ideas:

Patrón de disparo

A:5d – Preparar

Notas e ideas:

Patrón de disparo

B: Círculo completo (bando corto)

La (CB) sale de la primera (OB) y en un bando corto. El (CB) luego entra en el bando largo y en el bando corto opuesto.

Ⓐ (CB) (su bola de billar) - ⊙ (OB) (bola de billar oponente) - ● (OB) (bola de billar roja)

B: Grupo 1

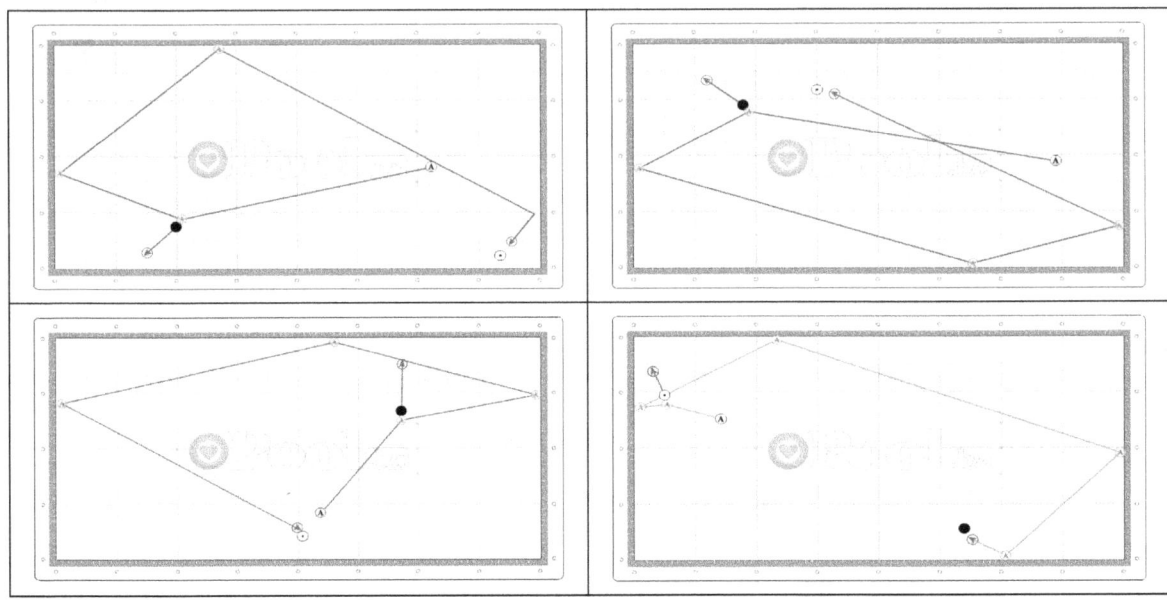

Análisis:

B:1a. _____

B:1b. _____

B:1c. _____

B:1d. _____

B:1a – Preparar

Notas e ideas:

Patrón de disparo

B:1b – Preparar

Notas e ideas:

Patrón de disparo

B:1c – Preparar

Notas e ideas:

Patrón de disparo

B:1d – Preparar

Notas e ideas:

Patrón de disparo

B: Grupo 2

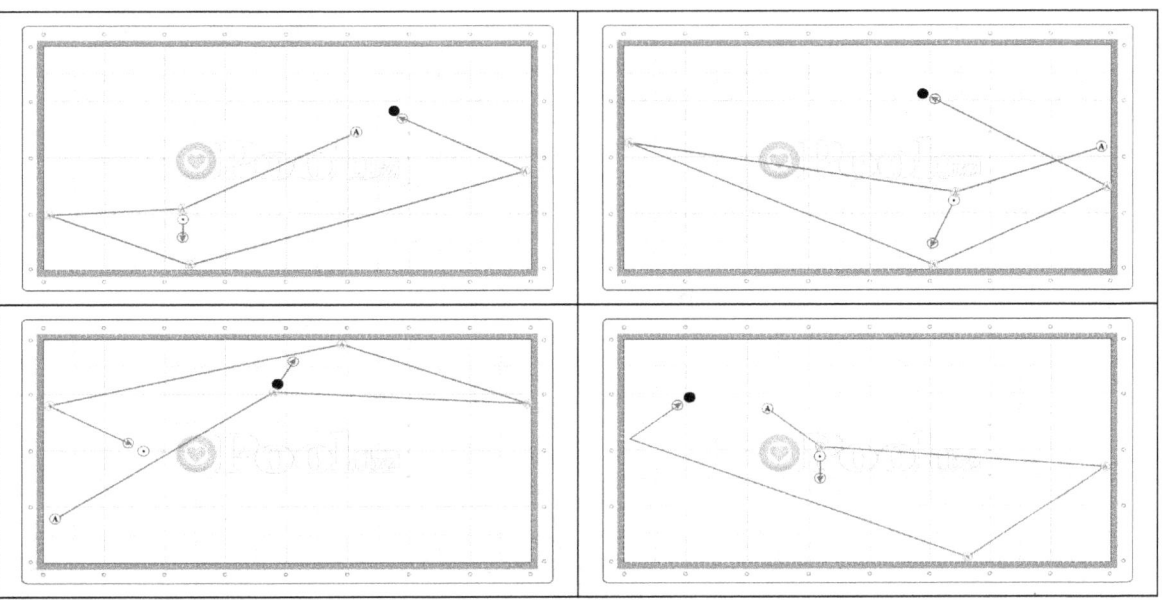

Análisis:

B:2a. _____

B:2b. _____

B:2c. _____

B:2d. _____

B:2a – Preparar

Notas e ideas:

Patrón de disparo

B:2b – Preparar

Notas e ideas:

Patrón de disparo

B:2c – Preparar

Notas e ideas:

Patrón de disparo

B:2d – Preparar

Notas e ideas:

Patrón de disparo

B: Grupo 3

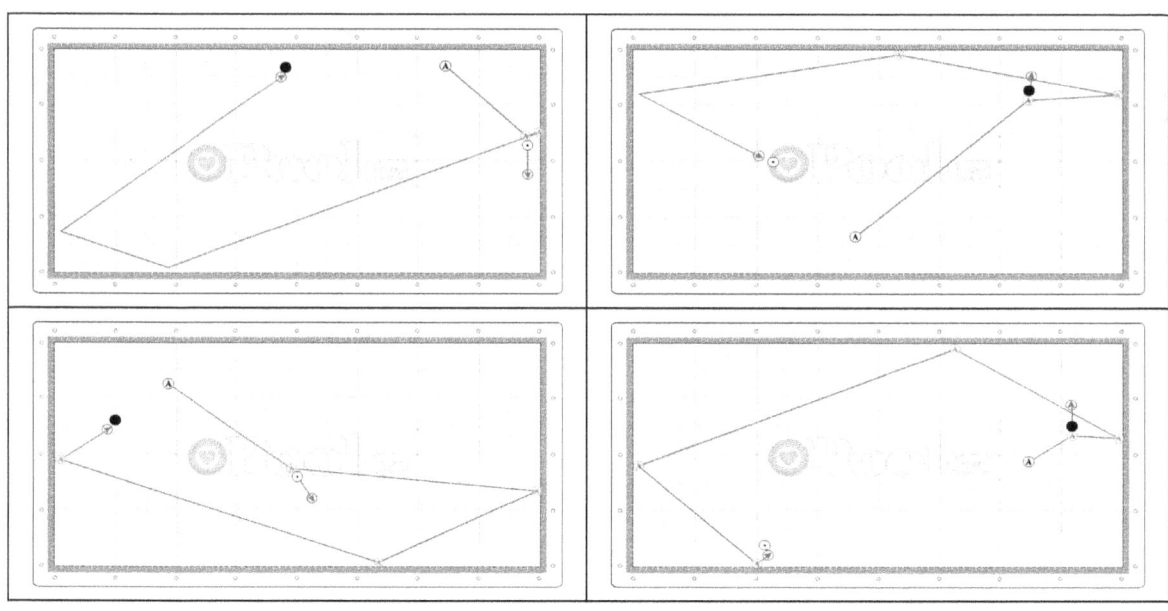

Análisis:

B:3a. _____

B:3b. _____

B:3c. _____

B:3d. _____

B:3a – Preparar

Notas e ideas:

Patrón de disparo

B:3b – Preparar

Notas e ideas:

Patrón de disparo

B:3c – Preparar

Notas e ideas:

Patrón de disparo

B:3d – Preparar

Notas e ideas:

Patrón de disparo

C: Cuatro bandos (bando largo)

El (CB) sale del primer (OB) y entra en el bando largo. Sale al bando corto. Entonces, el (CB) entra en el bando largo opuesto. Solo entonces el (CB) entra en el otro (OB).

Ⓐ (CB) (su bola de billar) - ⊙ (OB) (bola de billar oponente) - ● (OB) (bola de billar roja)

C: Grupo 1

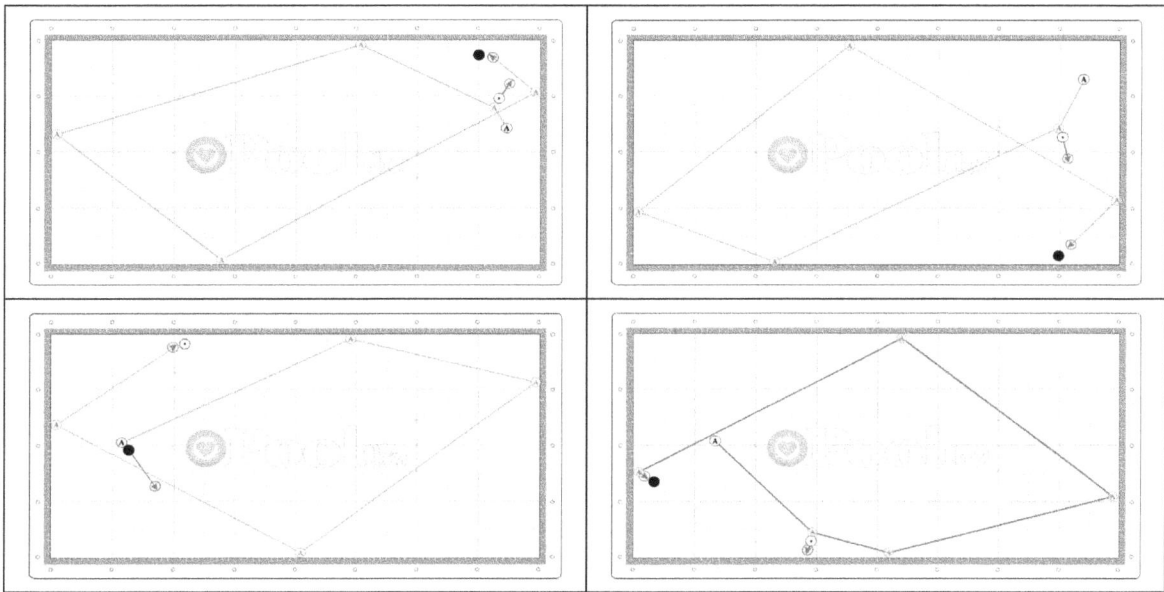

Análisis:

C:1a. _____

C:1b. _____

C:1c. _____

C:1d. _____

C:1a – Preparar

Notas e ideas:

Patrón de disparo

C:1b – Preparar

Notas e ideas:

Patrón de disparo

C:1c – Preparar

Notas e ideas:

Patrón de disparo

C:1d – Preparar

Notas e ideas:

Patrón de disparo

C: Grupo 2

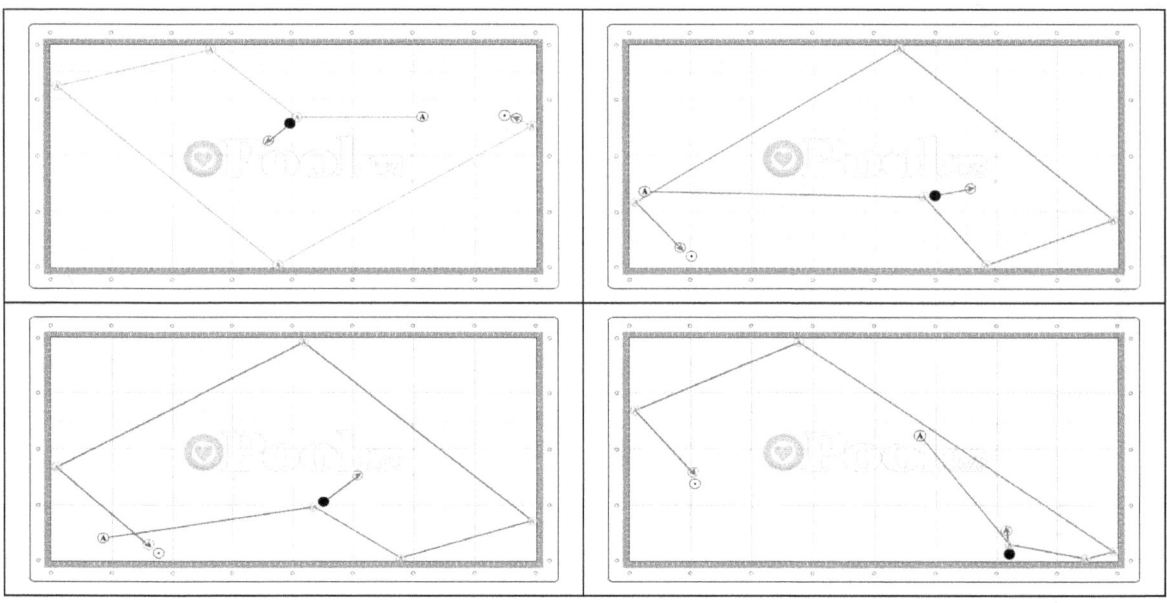

Análisis:

C:2a. _____

C:2b. _____

C:2c. _____

C:2d. _____

C:2a – Preparar

Notas e ideas:

Patrón de disparo

C:2b – Preparar

Notas e ideas:

Patrón de disparo

C:2c – Preparar

Notas e ideas:

Patrón de disparo

C:2d – Preparar

Notas e ideas:

Patrón de disparo

C: Grupo 3

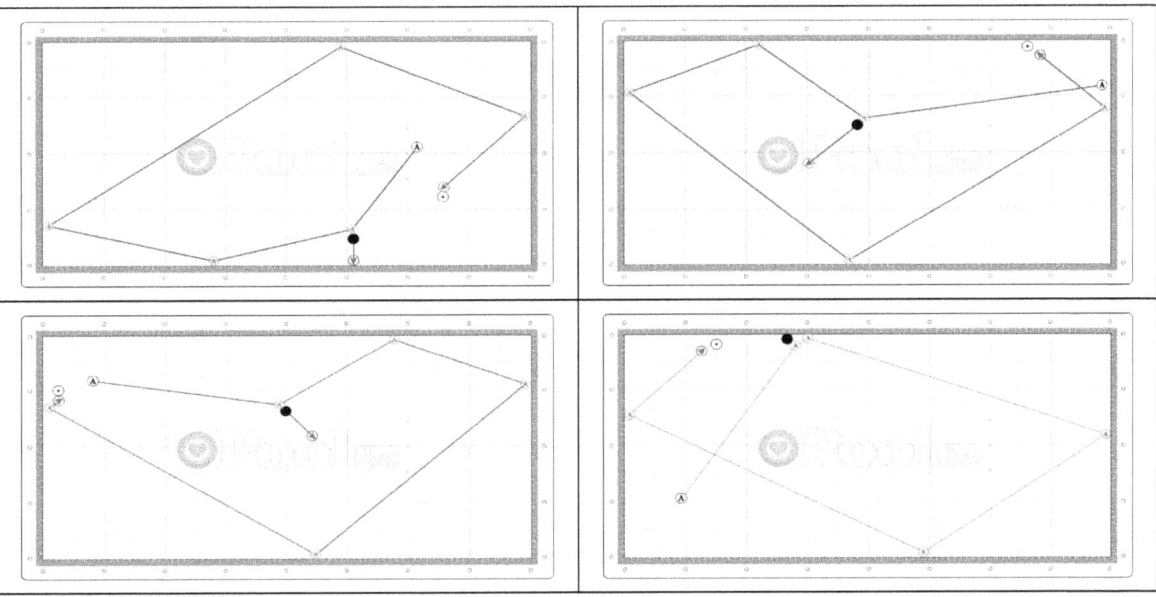

Análisis:

C:3a. _____

C:3b. _____

C:3c. _____

C:3d. _____

C:3a – Preparar

Notas e ideas:

Patrón de disparo

C:3b – Preparar

Notas e ideas:

Patrón de disparo

C:3c – Preparar

Notas e ideas:

Patrón de disparo

C:3d – Preparar

Notas e ideas:

Patrón de disparo

C: Grupo 4

Análisis:

C:4a. _____

C:4b. _____

C:4c. _____

C:4d. _____

C:4a – Preparar

Notas e ideas:

Patrón de disparo

C:4b – Preparar

Notas e ideas:

Patrón de disparo

C:4c – Preparar

Notas e ideas:

Patrón de disparo

C:4d – Preparar

Notas e ideas:

Patrón de disparo

C: Grupo 5

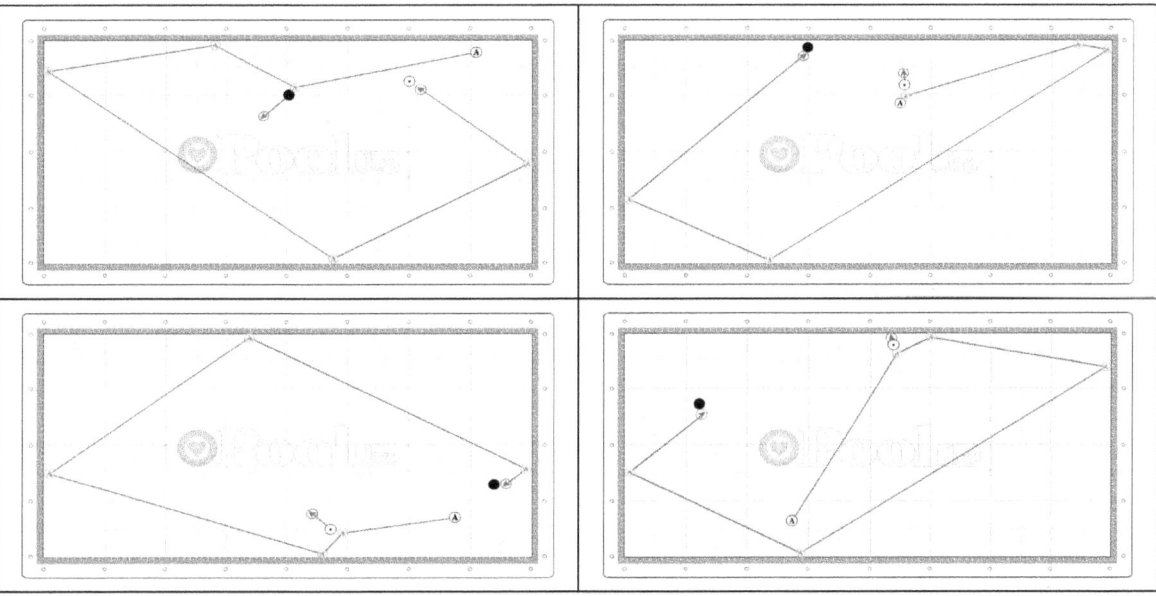

Análisis:

C:5a. _____

C:5b. _____

C:5c. _____

C:5d. _____

C:5a – Preparar

Notas e ideas:

Patrón de disparo

C:5b – Preparar

Notas e ideas:

Patrón de disparo

C:5c – Preparar

Notas e ideas:

Patrón de disparo

C:5d – Preparar

Notas e ideas:

Patrón de disparo

Billar 3 Bandas: Mesa grande circulos

D: Cuatro bandos (bando corto)

El (CB) sale del primero (OB) y va hacia el bando corto. El (CB) viaja al bando largo opuesto. El círculo continúa en el bando corto opuesto. Sólo entonces, el (CB) se conecta con el otro (OB).

Ⓐ (CB) (su bola de billar) - ⊙ (OB) (bola de billar oponente) - ● (OB) (bola de billar roja)

D: Grupo 1

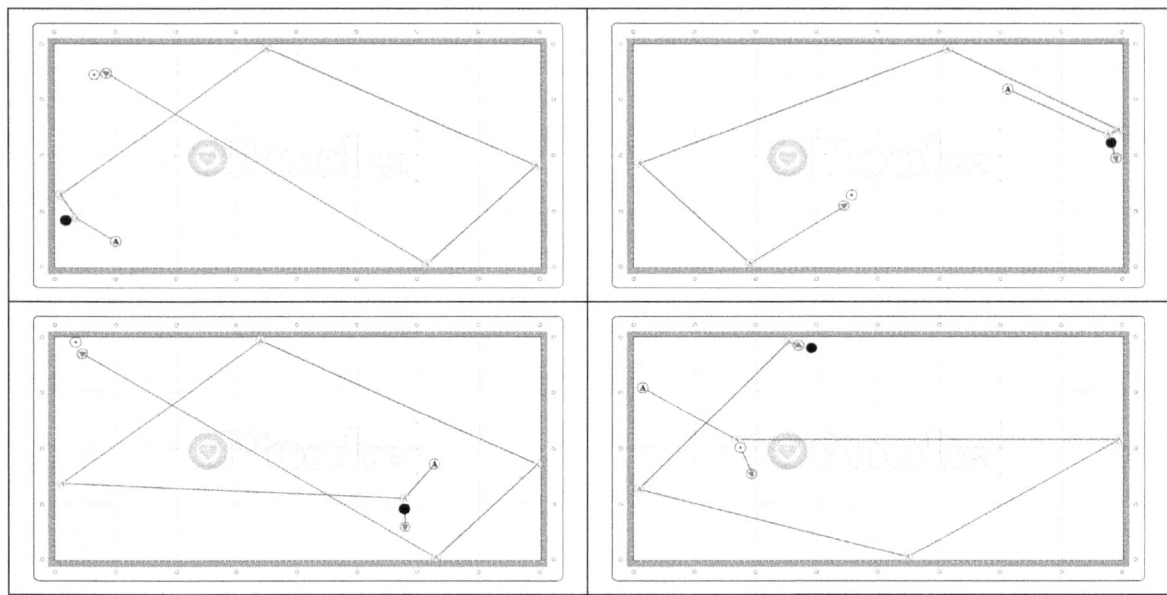

Análisis:

D:1a. _____

D:1b. _____

D:1c. _____

D:1d. _____

D:1a – Preparar

Notas e ideas:

Patrón de disparo

D:1b – Preparar

Notas e ideas:

Patrón de disparo

D:1c – Preparar

Notas e ideas:

Patrón de disparo

D:1d – Preparar

Notas e ideas:

Patrón de disparo

D: Grupo 2

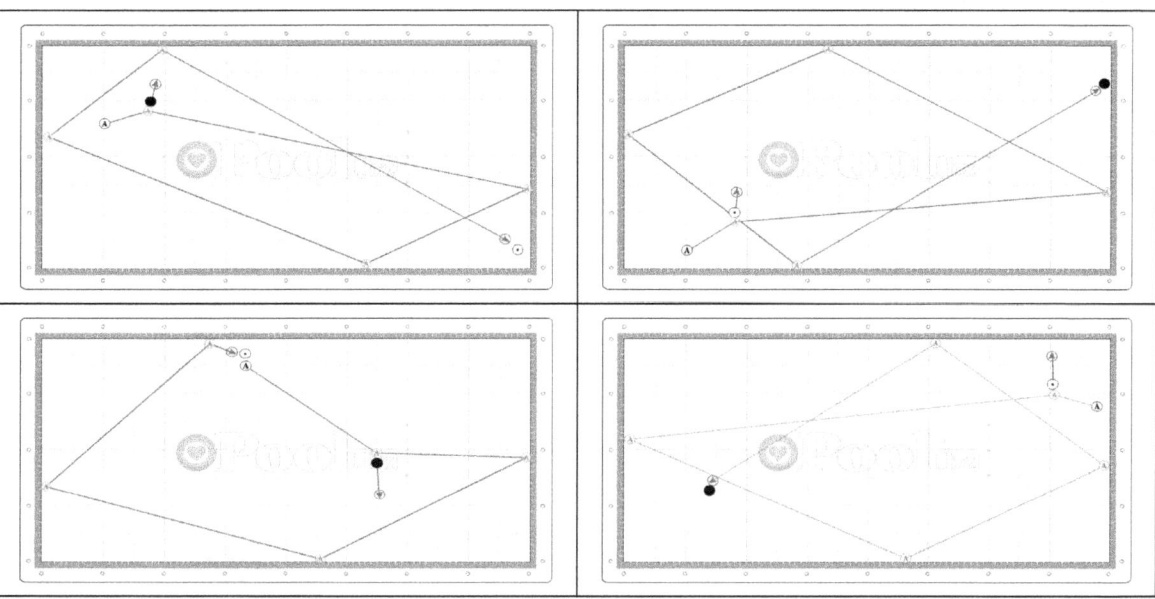

Análisis:

D:2a. _____

D:2b. _____

D:2c. _____

D:2d. _____

D:2a – Preparar

Notas e ideas:

Patrón de disparo

D:2b – Preparar

Notas e ideas:

Patrón de disparo

D:2c – Preparar

Notas e ideas:

Patrón de disparo

D:2d – Preparar

Notas e ideas:

Patrón de disparo

D: Grupo 3

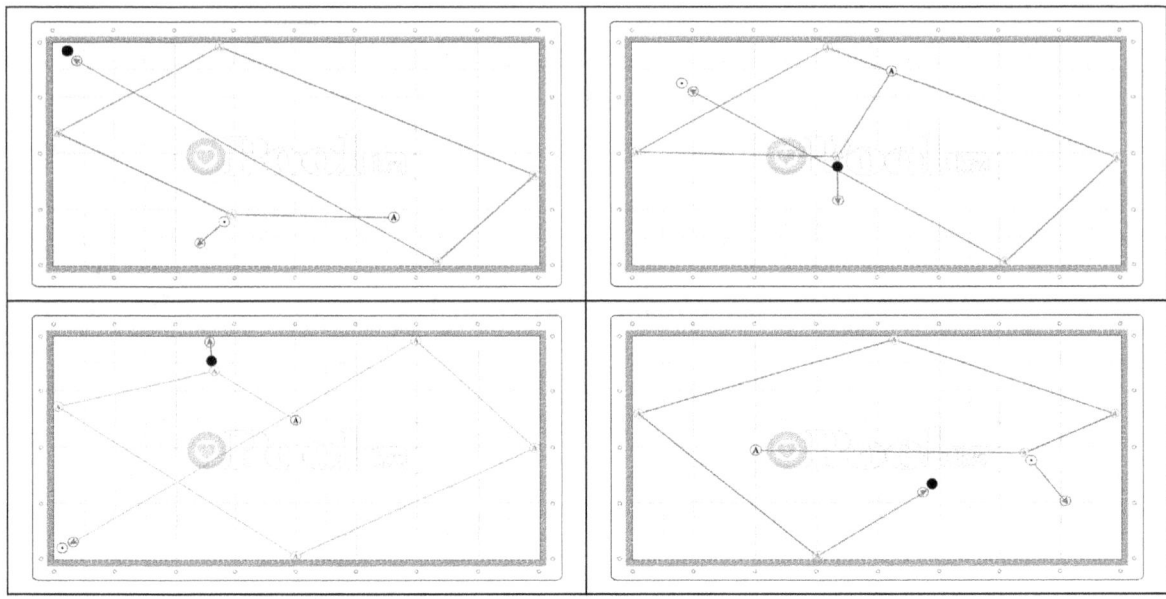

Análisis:

D:3a. _____

D:3b. _____

D:3c. _____

D:3d. _____

D:3a – Preparar

Notas e ideas:

Patrón de disparo

D:3b – Preparar

Notas e ideas:

Patrón de disparo

D:3c – Preparar

Notas e ideas:

Patrón de disparo

D:3d – Preparar

Notas e ideas:

Patrón de disparo

D: Grupo 4

Análisis:

D:4a. _____

D:4b. _____

D:4c. _____

D:4d. _____

D:4a – Preparar

Notas e ideas:

Patrón de disparo

D:4b – Preparar

Notas e ideas:

Patrón de disparo

D:4c – Preparar

Notas e ideas:

Patrón de disparo

D:4d – Preparar

Notas e ideas:

Patrón de disparo

E: Cinco bandos (bando largo)

El (CB) sale del primer (OB) y entra en el bando largo. El (CB) viaja en cinco bandos antes de que contacte con el otro (OB).

Ⓐ (CB) (su bola de billar) - ⊙ (OB) (bola de billar oponente) - ● (OB) (bola de billar roja)

E: Grupo 1

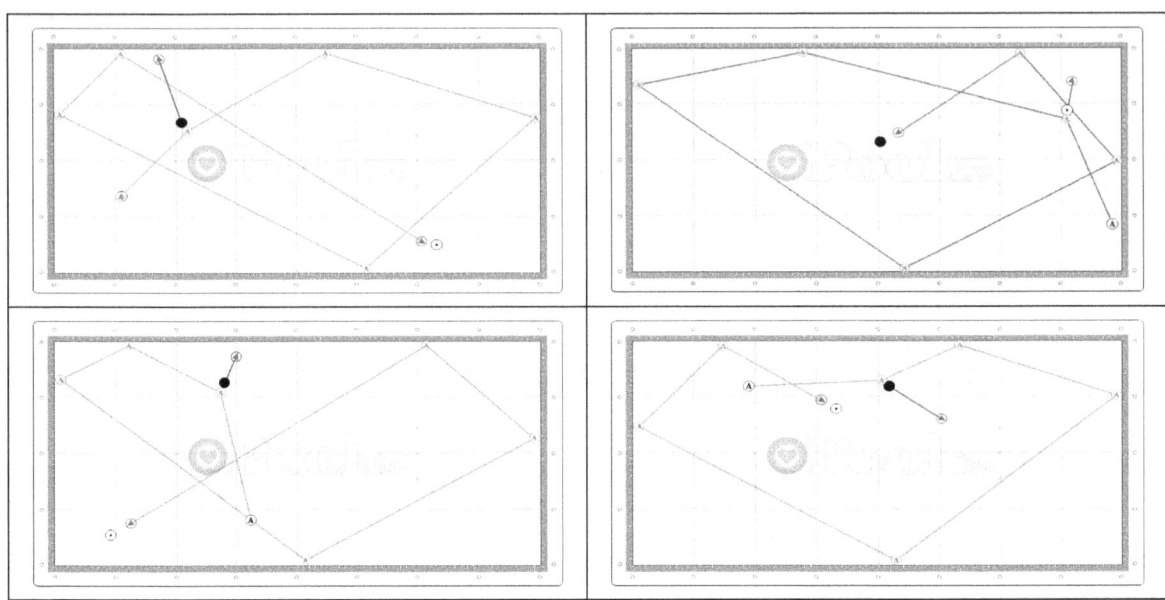

Análisis:

E:1a. _____

E:1b. _____

E:1c. _____

E:1d. _____

E:1a – Preparar

Notas e ideas:

Patrón de disparo

E:1b – Preparar

Notas e ideas:

Patrón de disparo

E:1c – Preparar

Notas e ideas:

Patrón de disparo

E:1d – Preparar

Notas e ideas:

Patrón de disparo

E: Grupo 2

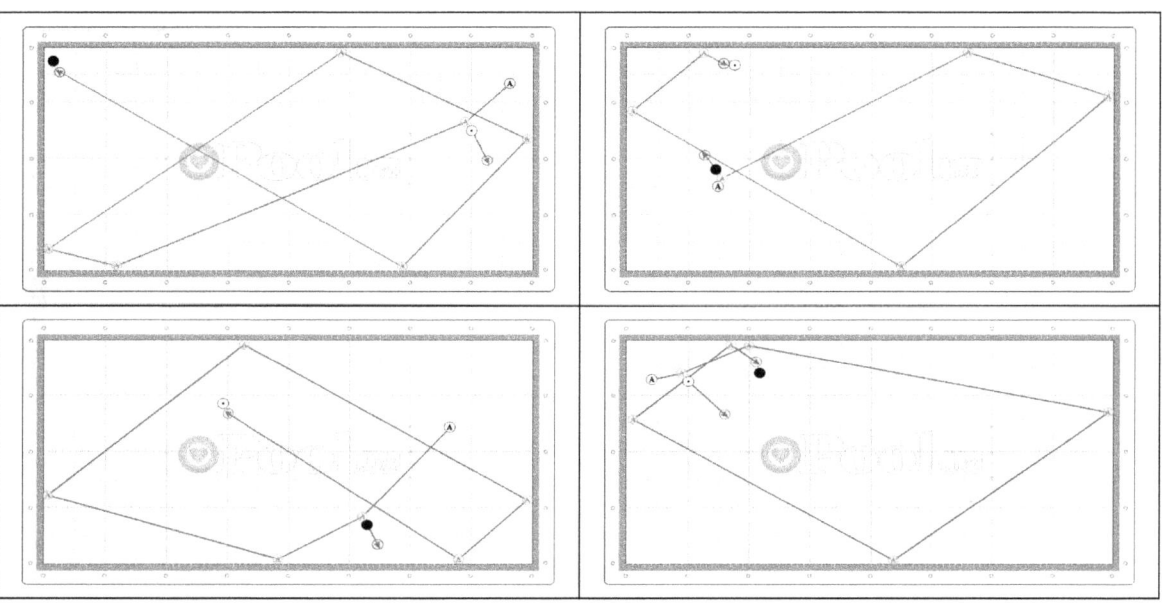

Análisis:

E:2a. _____

E:2b. _____

E:2c. _____

E:2d. _____

E:2a – Preparar

Notas e ideas:

Patrón de disparo

E:2b – Preparar

Notas e ideas:

Patrón de disparo

E:2c – Preparar

Notas e ideas:

Patrón de disparo

E:2d – Preparar

Notas e ideas:

Patrón de disparo

E: Grupo 3

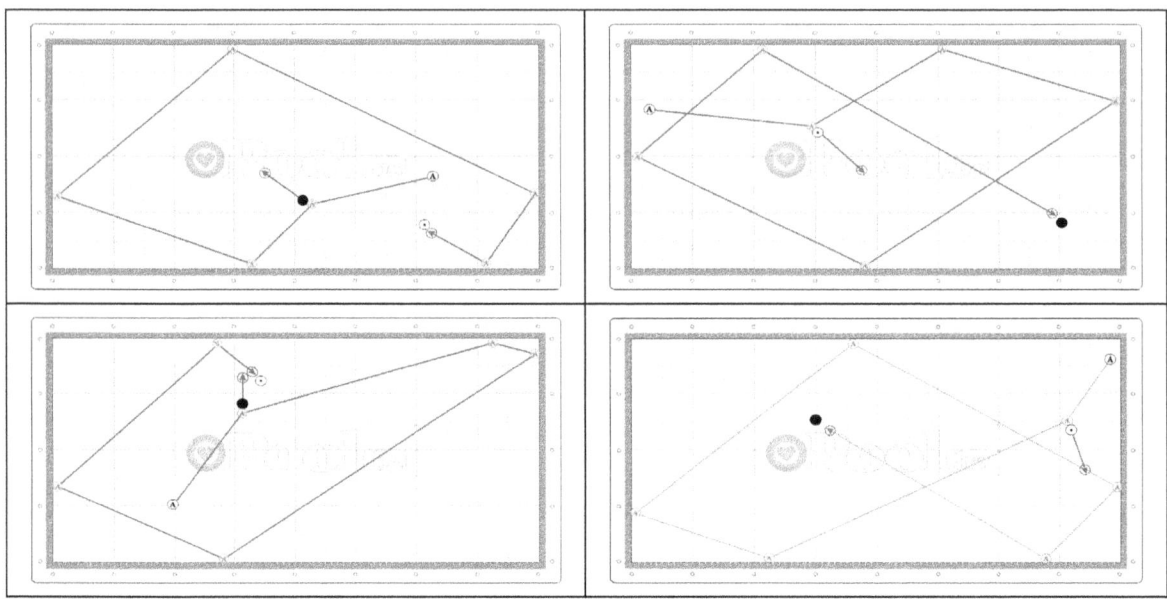

Análisis:

E:3a. _____

E:3b. _____

E:3c. _____

E:3d. _____

E:3a – Preparar

Notas e ideas:

Patrón de disparo

E:3b – Preparar

Notas e ideas:

Patrón de disparo

E:3c – Preparar

Notas e ideas:

Patrón de disparo

E:3d – Preparar

Notas e ideas:

Patrón de disparo

E: Grupo 4

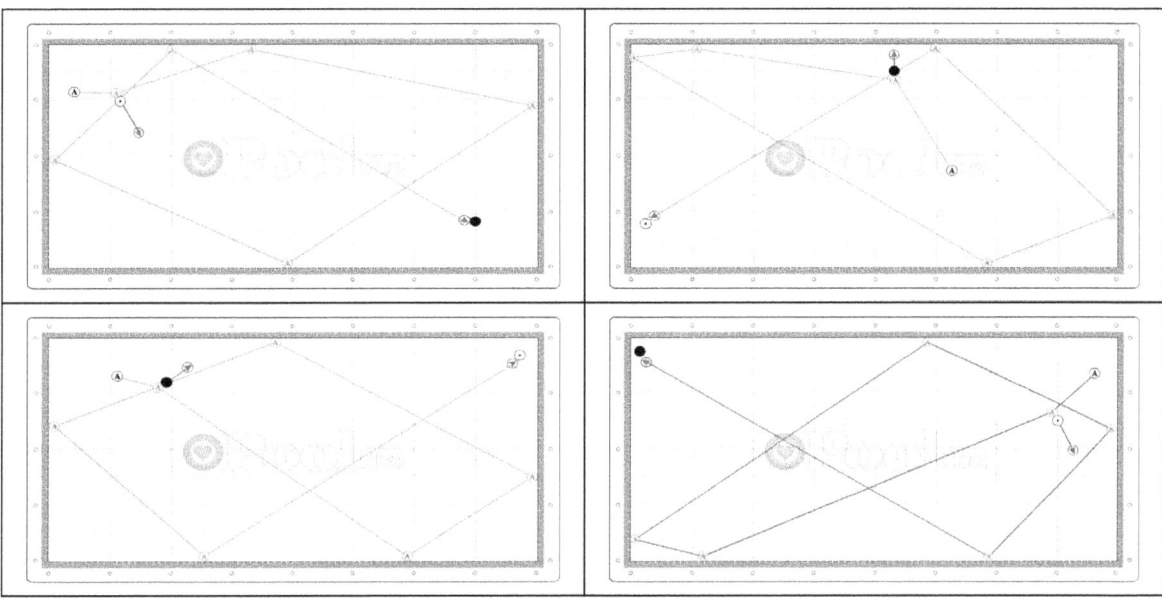

Análisis:

E:4a. _____

E:4b. _____

E:4c. _____

E:4d. _____

E:4a – Preparar

Notas e ideas:

Patrón de disparo

E:4b – Preparar

Notas e ideas:

Patrón de disparo

E:4c – Preparar

Notas e ideas:

Patrón de disparo

E:4d – Preparar

Notas e ideas:

Patrón de disparo

E: Grupo 5

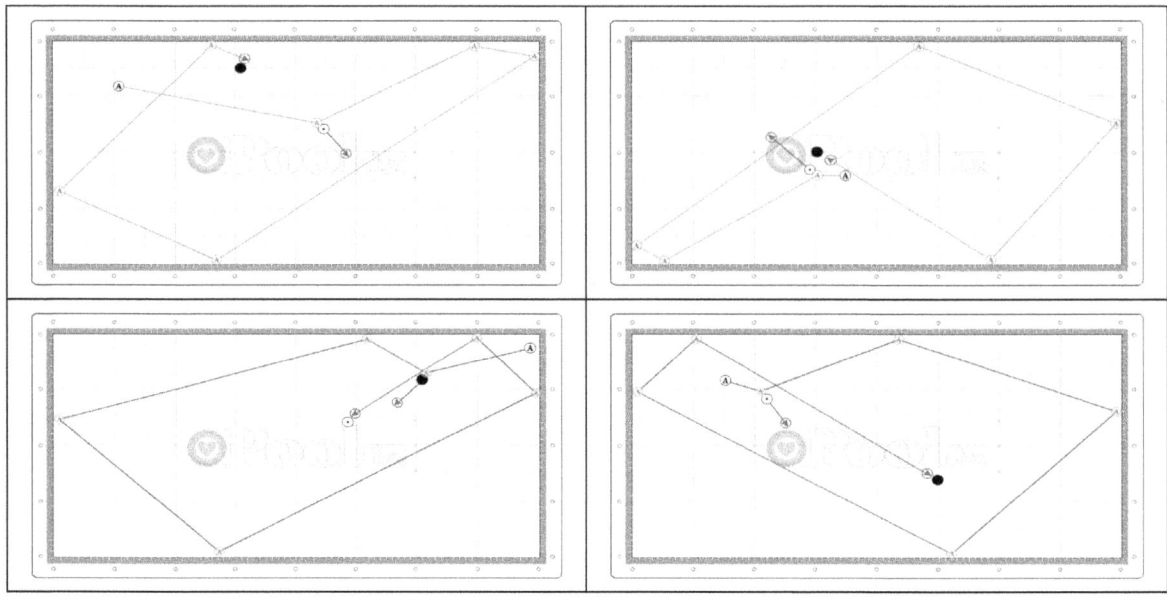

Análisis:

E:5a. _____

E:5b. _____

E:5c. _____

E:5d. _____

E:5a – Preparar

Notas e ideas:

Patrón de disparo

E:5b – Preparar

Notas e ideas:

Patrón de disparo

E:5c – Preparar

Notas e ideas:

Patrón de disparo

E:5d – Preparar

Notas e ideas:

Patrón de disparo

F: Cinco bandos (bando corto)

El (CB) sale del primer (OB) y pasa al bando corto. Luego viaja alrededor de la mesa en cinco bandos consecutivos. Solo entonces el (CB) se conecta con el otro (OB).

Ⓐ (CB) (su bola de billar) - ⊙ (OB) (bola de billar oponente) - ● (OB) (bola de billar roja)

F: Grupo 1

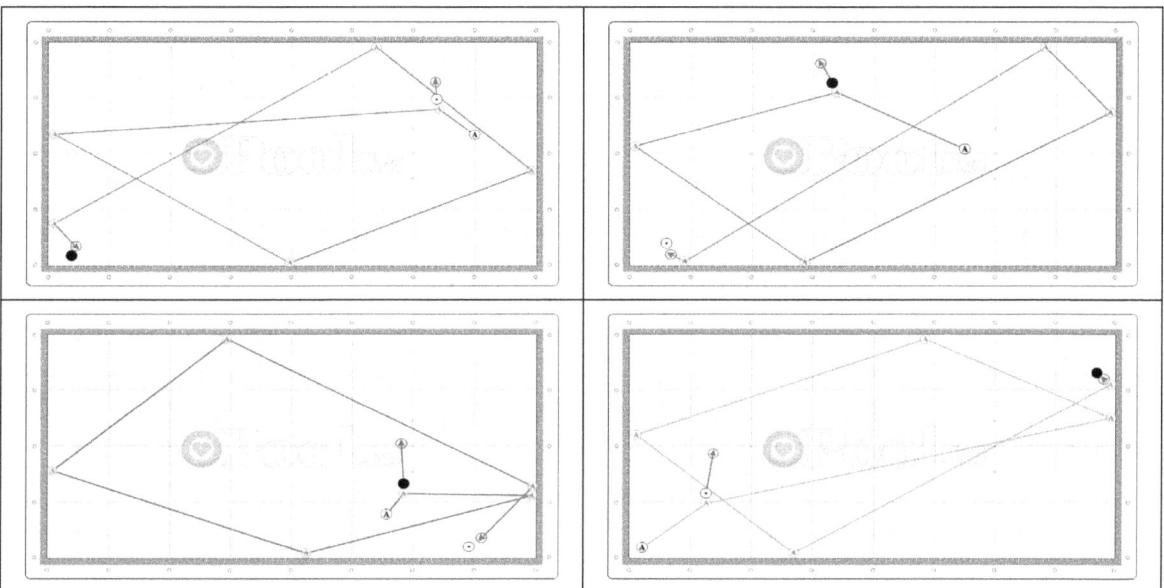

Análisis:

F:1a. _____

F:1b. _____

F:1c. _____

F:1d. _____

F:1a – Preparar

Notas e ideas:

Patrón de disparo

F:1b – Preparar

Notas e ideas:

Patrón de disparo

F:1c – Preparar

Notas e ideas:

Patrón de disparo

F:1d – Preparar

Notas e ideas:

Patrón de disparo

F: Grupo 2

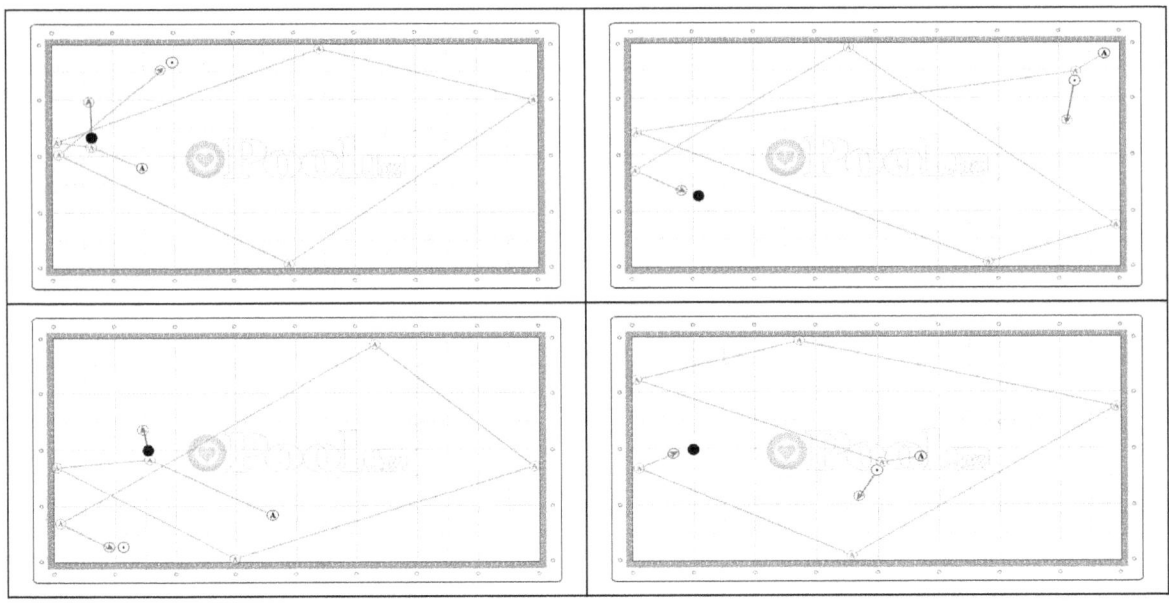

Análisis:

F:2a. _____

F:2b. _____

F:2c. _____

F:2d. _____

F:2a – Preparar

Notas e ideas:

Patrón de disparo

F:2b – Preparar

Notas e ideas:

Patrón de disparo

F:2c – Preparar

Notas e ideas:

Patrón de disparo

F:2d – Preparar

Notas e ideas:

Patrón de disparo

G: 6+ bandos (lbando largo)

El (CB) sale del primer (OB) y entra en el bando largo. Luego viaja alrededor de la mesa en al menos seis bandos (a veces siete).

Ⓐ (CB) (su bola de billar) - ◉ (OB) (bola de billar oponente) - ● (OB) (bola de billar roja)

G: Grupo 1

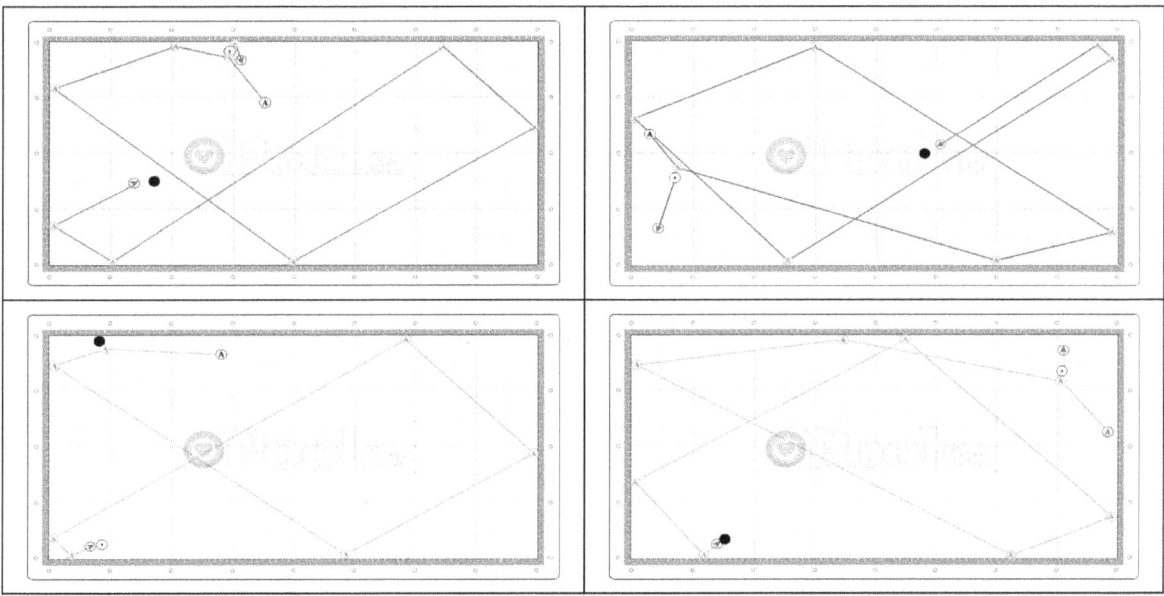

Análisis:

G:1a. _____

G:1b. _____

G:1c. _____

G:1d. _____

G:1a – Preparar

Notas e ideas:

Patrón de disparo

G:1b – Preparar

Notas e ideas:

Patrón de disparo

G:1c – Preparar

Notas e ideas:

Patrón de disparo

G:1d – Preparar

Notas e ideas:

Patrón de disparo

G: Grupo 2

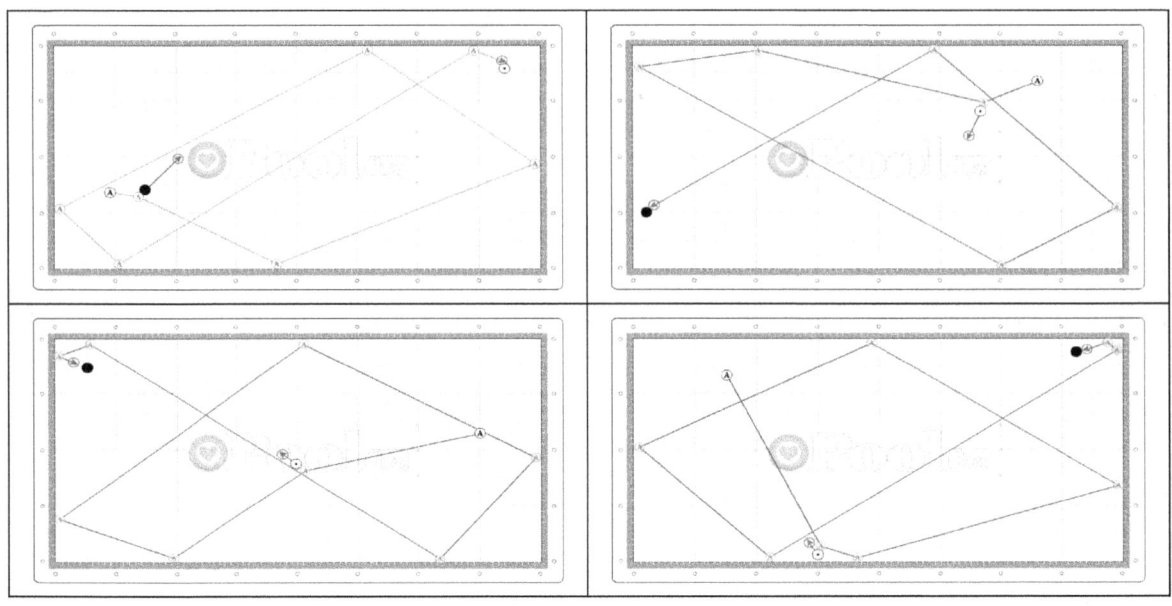

Análisis:

G:2a. _____

G:2b. _____

G:2c. _____

G:2d. _____

G:2a – Preparar

Notas e ideas:

Patrón de disparo

G:2b – Preparar

Notas e ideas:

Patrón de disparo

G:2c – Preparar

Notas e ideas:

Patrón de disparo

G:2d – Preparar

Notas e ideas:

Patrón de disparo

G: Grupo 3

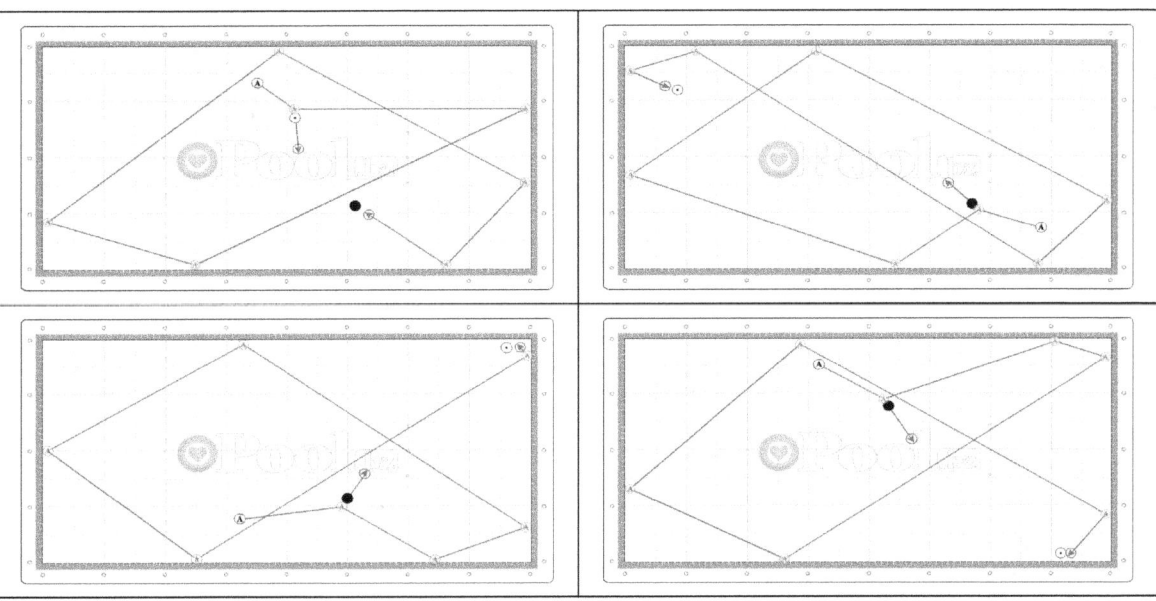

Análisis:

G:3a. _____

G:3b. _____

G:3c. _____

G:3d. _____

G:3a – Preparar

Notas e ideas:

Patrón de disparo

G:3b – Preparar

Notas e ideas:

Patrón de disparo

G:3c – Preparar

Notas e ideas:

Patrón de disparo

G:3d – Preparar

Notas e ideas:

Patrón de disparo

G: Grupo 4

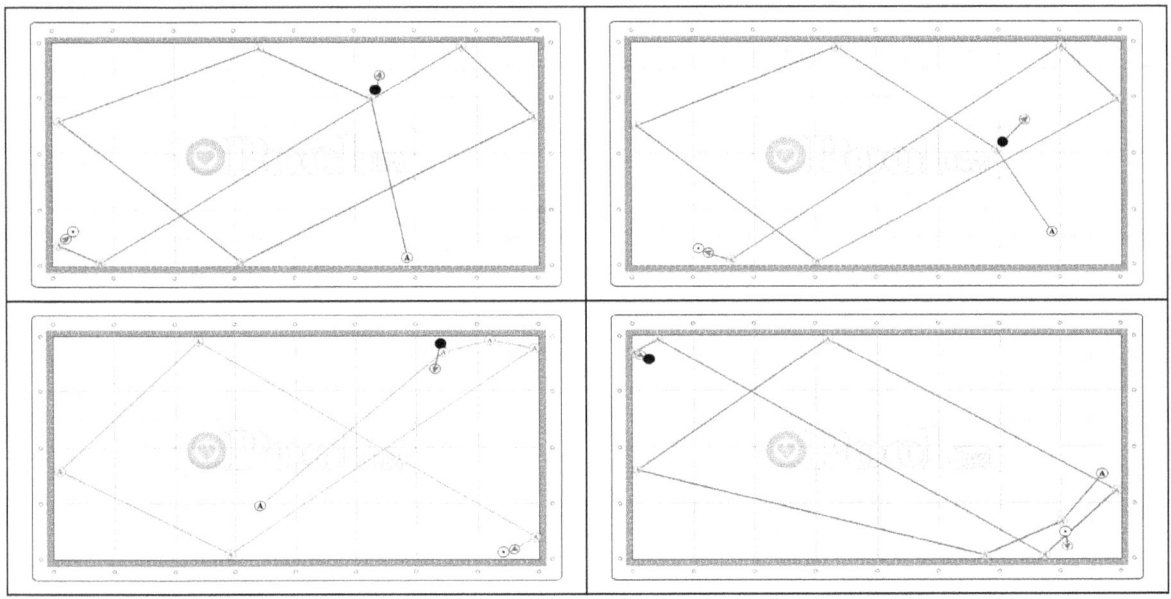

Análisis:

G:4a. _____

G:4b. _____

G:4c. _____

G:4d. _____

G:4a – Preparar

Notas e ideas:

Patrón de disparo

G:4b – Preparar

Notas e ideas:

Patrón de disparo

G:4c – Preparar

Notas e ideas:

Patrón de disparo

G:4d – Preparar

Notas e ideas:

Patrón de disparo

H: 6+ bandos (bando corto)

El (CB) sale del (OB) y pasa al bando corto. El (CB) continúa viajando alrededor de la mesa por seis o más bandos. Solo entonces el (CB) contacta con el otro (OB).

Ⓐ (CB) (su bola de billar) - ◉ (OB) (bola de billar oponente) - ● (OB) (bola de billar roja)

H: Grupo 1

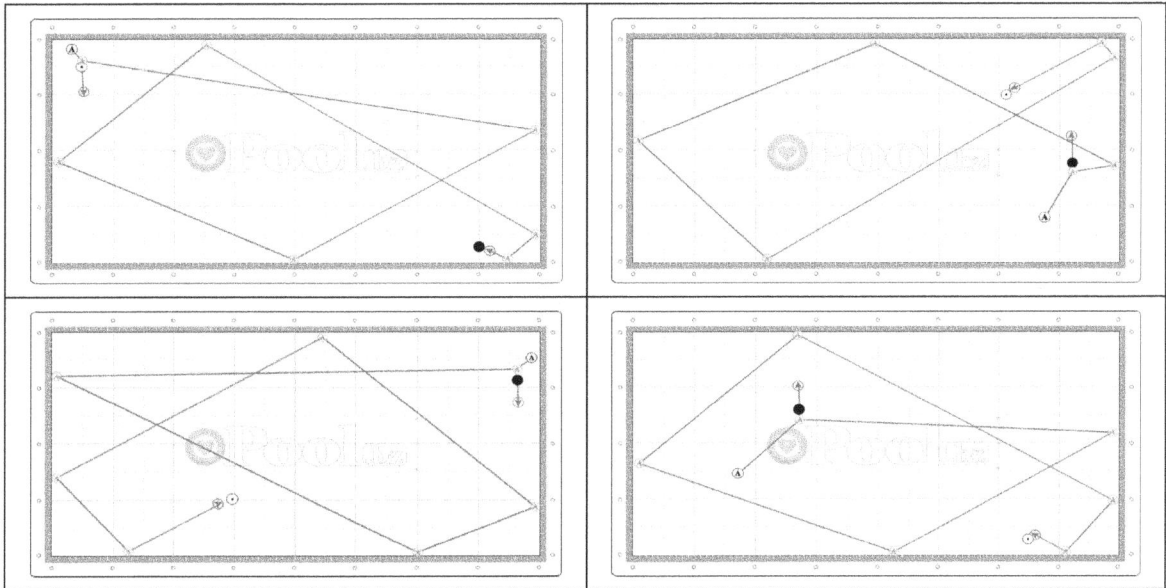

Análisis:

H:1a. _____

H:1b. _____

H:1c. _____

H:1d. _____

H:1a – Preparar

Notas e ideas:

Patrón de disparo

H:1b – Preparar

Notas e ideas:

Patrón de disparo

H:1c – Preparar

Notas e ideas:

Patrón de disparo

H:1d – Preparar

Notas e ideas:

Patrón de disparo

H: Grupo 2

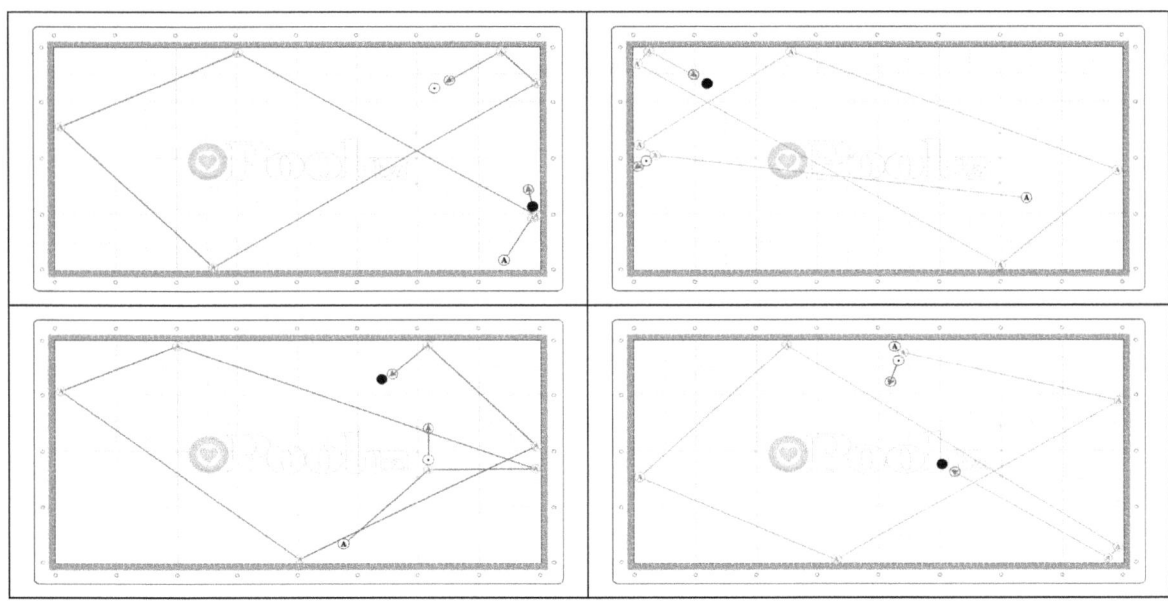

Análisis:

H:2a. _____

H:2b. _____

H:2c. _____

H:2d. _____

H:2a – Preparar

Notas e ideas:

Patrón de disparo

H:2b – Preparar

Notas e ideas:

Patrón de disparo

H:2c – Preparar

Notas e ideas:

Patrón de disparo

H:2d – Preparar

Notas e ideas:

Patrón de disparo

www.ingramcontent.com/pod-product-compliance
Lightning Source LLC
Chambersburg PA
CBHW080920170426
43201CB00016B/2214